Redigera framgångsRIKT

Av Monica Ivesköld

FSC
www.fsc.org
MIX
Papper från
ansvarsfulla källor
Paper from
responsible sources
FSC® C105338

© 2019
Ansvarig utgivare: Monica Ivesköld
E-post: monica@resultat-direkt.se
Webbsida: www.monicaiveskold.se
Förlag: BoD – Books on Demand, Stockholm, Sverige
Tryck: BoD – Books on Demand, Norderstedt,
Tyskland
ISBN: 9 789177 855798

Förord

Det är min förhoppning att du genom att använda denna bok ska kunna förbättra ditt manus, oavsett om du skriver en roman, en fackbok eller en novell.

I över 30 år har jag utbildat människor och fått dem att växa, vilket är min mission i livet.

Med hjälp av den här boken, som ingår i några av mina onlinekurser (jag erbjuder ett 25-tal sådana), hoppas jag att skrivandets viktiga redigeringsfas ska effektiviseras och förenklas. Effektiviteten i skrivandet ligger mig varmt om hjärtat.

För att underlätta har jag skapat två Excel-filer som du kan hämta hem via min webbsida, se instruktioner nedan. Jag önskar dig stort lycka till i Redigeringsfasen och hoppas du får stöd genom denna bok.

Monica Ivesköld

Ansvarig utgivare

Redigeringsinstruktioner - Allmänt

Några instruktioner passar för skönlitteratur, andra för noveller och en tredje variant för fackböcker. Symboler är:

 Fackbok  Skönlitteratur  Novell

På min webbsida finns Excel-fil för djupanalys, baserad på kända metoder såsom Story Grid, Hjälteresan och Story Engineering. Där finns handlingsplan i vilken du kan skriva in dina åtgärder samt en småordslista. Lösenordet finns under instruktionerna.

Några tips baseras på tekniken att skriva för film, vilket kan lyfta din text till nya höjder. Du arbetar med denna bok som en checklista. Lycka till!

> *Citat av Per Lagerkvist på frågan:*
>
> *Hur går det med romanen?*
>
> *"Det lägger jag mig inte i!"*

Skrivprocessen och konflikten

 Skönlitteratur   Novell

Nedan har du en bild på skrivprocessen. OBS att du
som skriver facklittertur också
kan använda dig av den men det
är inget måste. Utgå från den och tänk efter att din
text har med de viktiga ingredienserna:

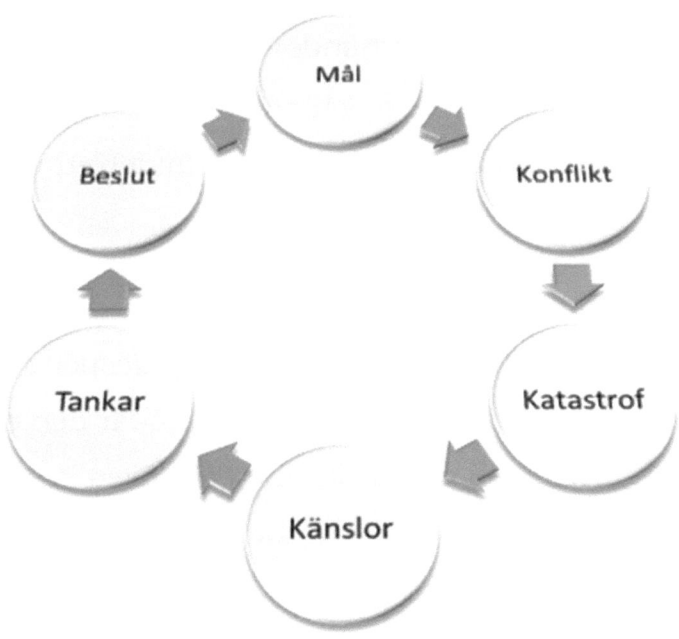

Konflikten

Alla skönlitterära berättelser måste ha en konflikt
och i romaner bör det finns någon form av konflikter
i varje scen. Den kan finnas:

- I handlingen
- I kontexten (sammanhanget/situationen)
- I dialogen

Kontrollera att du har med detta i din text.

Varva goda och dåliga händelser

För att öka spänningen och hålla läsaren vid liv,
behöver du varva goda och dåliga händelser. Checka
att du har gjort så.

"Klappa hunden"-scenerna

Varje skönlitterär berättelse måste ha scener som
fångar läsaren, något som hela tiden ökar den emo-
tionella delen och gör att läsaren verkligen känner
med karaktären. Checka att du har med den typen
av scener redan från första kapitlet. Läs mer under
rubriken *Intrigen* nedan.

Titel, logglinje och premiss

 Fackbok Skönlitteratur Novell

Börja med att checka att din titel inte redan finns på

marknaden. Svenska

böcker kan du söka

här:

http://libris.kb.se/

En text bör vara

tydlig. Det spelar ingen

roll om det är en skön- eller facklitterär bok.

Fundera över om du har en logglinje och en premiss.

Har du ingen, skapar du en. Den kan du använda

dig av i framtida marknadsföring och som

baksidestext.

Logglinje

Så här skapar du din logglinje:

* VEM är din karaktär/din hjälte? (skönlitteratur)
  VEM är din målgrupp? (facklitteratur)

- VAD handlar din text om?

- VILKEN "krok" (intrig) fångar läsaren?
(skönlitteratur)
VILKET problem ska din bok lösa?
(facklitteratur)

- VILKEN konflikt finns? VAD står i vägen för
karaktären/hjälten? (skönlitteratur)
VILKA hinder står i vägen för problemlösningen?
(facklitteratur)

Skriv EN enda mening med dessa punkter. Så här ser min logglinje ut i en av mina romaner:

Mamma låt mig leva, en feelgood-roman och drama baserad på änglamakerskor och en transcendental (översinnlig) energihealer och regressionsterapeut.

Premissen

Premissen är det budskap du vill ge läsaren. En premiss bör vara tydlig både i en fack- och skönlitterär bok. Vilket är ditt budskap? Detta är min premiss i ovanstående roman: *Ge aldrig upp!*

Kapitelrubrik och intrig (plott)

Kapitelrubrik

 Fackbok  Skönlitteratur  Novell

Regel 1: Använd aldrig versaler (stora bokstäver) i en rubrik.

Rubriknivå 1	Nyckelord
Rubriknivå 2	Sammanfattande rubriker
Rubriknivå 3	Frågande rubriker

Rubriken bör vara i en teckensnittstorlek som motsvarar multiplar, dvs delbart med siffra 6.

Intrig (plott)

 Skönlitteratur Novell

Intrigen (eller plotten) i en bok är ett slags "krok" som gör att du fångar läsaren. Ordet kan översättas med "en listig plan", "en komplott", "en handling som leder både protagonist och antagonist framåt i boken", "en röd tråd", eller helt enkelt grundtanken bakom storyn. Den bör vara "listig"; tänk rävspel.

Viktigt är att den avslöjas för läsaren på de första tio sidorna, gärna direkt i inledningen. Kroka fast läsaren direkt!

Har du en intressant och trovärdig intrig? Får läsaren klart för sig vilken intrigen är?

Dramaturgi

 Skönlitteratur Novell

I all skönlitteratur följer du en dramaturgisk kurva. Aristoteles var en av de första att skapa en dramaturgisk modell. I den enklaste av dramaturgiska modeller måste du ha:

- En början / inledning
- En mitt / konfrontation
- Ett slut / upplösning

Är dramaturgin tydligt i din text? Du kan åskådliggöra detta med hjälp av en synopsis.

I andra texter har du kanske sex delar i modellen, dvs

- **Anslag/inledning/intrig** = Förväntningar väcks, huvudkonflikt anas, framåtrörelsen inleds. Checka att du har en intressant inledning som direkt fångar läsaren.

- **Presentation** = Fakta kring konflikten, samt en översikt över karaktärerna. Detta bör finnas med på sidorna 1-10. Checka!

- **Fördjupning** = Karaktärerna presenteras mer ingående (drivkrafter, svaga/starka sidor) konfliktens bakgrund utvecklas, sympati och avsky väcks. Titta på sidorna 15-20 (kallas sidan 17-momentet) och stäm av att du har med det viktigaste momentet för din bok. Komplettera!

- **Vilseledande aha-upplevelse**
  Du behöver låta läsaren tro att allt är på väg att reda upp sig, gärna med hjälp av någon vilseledande eller falsk aha-upplevelse. Har du med en sådan?

- **Upptrappning** = Tempot ökar, konflikterna trappas upp. Checka att konsekvenserna och reflektionerna av sidan 17-momentet och beslutet finns med.

- **Klon i boken**
  Checka att du har en "klo" med i boken och

14

att din huvudkaraktär/protagonist själv medvetet tar ansvar för utvecklingen.

- **Klimax** = Konflikten/konflikterna avgörs, det utlovade anslaget infrias och protagonisten närmar sig målet, presentationen och fördjupningen bekräftas, upptrappningen når sin kulmen. Har du med klimax? Direkt efter detta kan läsaren andas ut.

- **Avrundning** = Lugnet efter stormen, läsaren får ta del av huvudkaraktärens känslor (sorg eller triumf), eventuella sidokonflikter reds ut, personliga relationer reds ut, knyts eller bryts.

- **Berättelsens premiss** = Berättelsens budskap Se ovan! Vilket är ditt underliggande budskap? Är premissen tydlig för läsaren?

- **Överraskningar/Planteringar** = Saknas någon del i den dramaturgiska modellen? Är premissen oväntad eller tvetydig? Överraskar du läsaren? Har du skapat några planteringar i texten?

15

Tidslinje, tidsramar och tidlåsning

 Skönlitteratur  Novell

När du skriver är det viktigt att du kan hänga upp all text på en **tidslinje**. Du kan skapa en tidslinje med hjälp av en mindmap, en vägg med post-it-lappar, en Excel-fil eller liknande. Checka att den stämmer.

Tidsramen är en utmaning för dig som skriver. Att delge läsaren på några sekunder vad som kanske händer under en längre tidsperiod, är en utmaning. Kontrollera din text och krymp ramarna om det går.

Tidlåsning – kallas ofta för "den tickande klockan" och är en viktig ingrediens som du bör ha med i din text. Du skapar något som upplevs brådskande, något som ökar spänningen för läsaren – en slags bomb som briserar om karaktären inte hittar lösningen.

Flödet - checka dispositionen

 Fackbok Skönlitteratur Novell

Gå igenom att textflödet känns naturligt. Flyter texten på? Jämför med din tidslinje. Detta test sker lämpligen i dispositionsläget (om du använder Word eller Scrivener). Flödet kan vara knutet till eventuell länkning i OneNote (ett gratisprogram som du kan använda för research) och i din uppbyggda handlingsplan.

I dispositionen ställer du in antalet synliga nivåer:

 Visa nivå: Nivå 2

Du kan kontrollera din "röda tråd". Så här kan dispositionen se ut.

- Logglinje och premiss
- Intrig (kroken som fångar läsaren)
- Dramaturgi
- Tidslinje
- Flödet - checka dispositionen
- Historiska luckor

Genom att använda dispositionen blir det effektivt och enkelt att dra rätt kapitel till rätt position.

Upprepningar distanserar

Ett annat viktigt begrepp när vi talar om flöden är att titta på hur meningarna i texten startar. Var försiktig med upprepningar!

Ett stycke i vilket du har flera meningar som startar med ordet "han", distanserar läsaren. Ändra om du upptäcker att du har upprepat dig. Du kan även söka på ordet "han" för att se hur många gånger detta finns i texten.

Historiska luckor

 Skönlitteratur  Novell

I en roman eller en längre novell kan det hända att du har historiska luckor. Detta händer sällan i en fackbok.

Gör så här

Läs snabbt igenom din text – gärna utskriven på papper. Markera vad som behöver ändras. Använd en gul markeringspenna eller rödpenna.

Ha en handlingsplan vid sidan om vid redigering, i vilken du noterar VAD som behöver förbättras.

Läs först – redigera sedan! Du kan hämta hem en färdig handlingsplan från min webbsida. Här är länken:

http://www.monicaiveskold.se/redigera-framgangsrikt/

Lösenordet för handlingsplanerna är:

Redigera2020

Gör följande redigeringsvändor för berättelsen (finns med i redigeringsinstruktionerna nedan under respektive rubrik):

- Historien håller – finns logiska luckor?

- Huvudkaraktärens (protagonistens) och andra viktiga personers (antagonisten eller medhjälparnas) utvecklingskurva genom romanen

- Gestaltningen

- Dialogerna

- Perspektivet

- Vikten av händelser knuta till vissa sidor i texten

Ovan går vi igenom steg för steg, längre fram.

20

Utvecklingskurvan

 Skönlitteratur ▒▒▒ Novell

I en skönlitterär berättelse måste huvudkaraktärerna utvecklas. Ibland vet de inte om detta själva.

Checka att dina karaktärer har utvecklats innan din roman eller novell slutar. Det ska vara tydligt för läsaren.

Läs snabbt igenom texten och se hur protagonisten har utvecklats. Du kommer även att få göra en djupanalys, längre fram. Med hjälp av den kan du gå igenom varje scen. Om du inte har med vissa saker i en scen, bör den kanske strykas.

Kolla att karaktärerna har motsägelsefulla styrkor/svagheter. Om protagonisten är lojal, bör hen också vara en svikare i något sammanhang, detta för att bli trovärdiga.

En bok tappar trovärdighet om läsaren inte förstår i slutet att både protagonist och antagonist har utvecklats.

Här är några tips att ta hänsyn till:

- Checka svagheter och behov (hos huvudkaraktärerna – protagonist och antagonist).

- Vilka svagheter kan du uppleva hos dem?

- Vilka behov har de?

- Vilka önskningar och mål har de? Vilken är karaktärens innersta och starkaste längtan?

- Har dessa tillgodosetts och nåtts när romanen är slut?

Motståndaren (antagonisten) är en person som har egna svagheter och behov vilka står i konflikt till protagonistens. Det betyder inte att personen är ond, bara att de båda inte är på samma spår. Ge författarkärlek till motståndaren också. Låt läsaren se alla motståndarens sidor. Framgår de tydligt i berättelsen?

Hur ska protagonisten uppnå behov och längtan? Kanske är inte personen medveten om detta, men författaren måste vara det.

Kampen mot tiden, naturen, motståndaren – oavsett vilken – hur har du löst denna?

Någonstans innan slutet, avslöjar hjälten något om sig själv eller för sig själv. Håll på informationen till slutet! Det ska vara något som inte är omöjligt att uppnå för personen. Låt läsaren bli överraskad men det måste fungera för protagonisten. Framgår avslöjandet tydligt i boken?

Hur såg berättelsen ut i starten? Världen har förändrats men återgår i slutet till en normalitet. Jämför början med slutet. Framgår utvecklingen tydligt?

Checka också ...

- Vilka historier har berättats i huvudkaraktärens familj? Finns det någon spännande historia som du kan återge i texten?

- Har huvudkaraktären några speciella leksaker som du kan tillägga?

- Finns det några måltider som du kan berätta mer om? Finns det någon favoriträtt?

- Har karaktären något husdjur?

- Var bodde karaktären som barn och vilka adresser kan vara aktuella? Beskriv karaktärens relation till någon person eller plats!

- Vad är karaktären rädd för?

- Äger karaktären något som ständigt följer med?

- Vem söker karaktären tröst hos? Om karaktären får problem mitt i natten, vem ringer hen då till?

- Vilka bråk förekommer? Och vilka är det som bråkar?

- Har karaktären någon speciell bedrift eller förmåga?

- Vad är karaktären mest stolt över?

- Vilket var karaktärens första arbete?

- Vilka förebilder har karaktären?

- Finns det något som karaktären kastat eller tappat bort och/eller ångrar?

- Några betydelsefulla högtidsdagar?

- Utifrån VAD och VARFÖR ska läsaren minnas karaktären?

Formatmallar

 Fackbok Skönlitteratur Novell

Alla böcker behöver sättas. Förlagen talar om inlaga. Den kan göras i vissa avancerade program men också enkelt med mallar. Checka formatmallarna (om du använder Word eller liknande) och att rätt teckensnitt används.

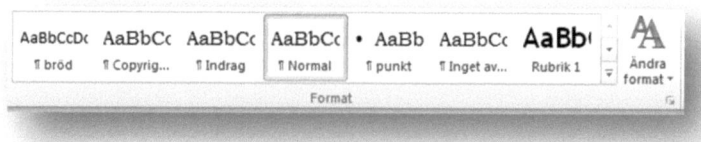

Rensa bort ...

Rensa bort versaler och kapitäler (små versaler). Använd linjär rubrik (utan fötter) och eventuellt sans seriff i löptexten.

Logik ska finnas i kursiveringar och fetstil. Kursiv stil används med försiktighet. Rensa bort skuggningar och inverterad text. De är inte rumsrena i svenska böcker.

Grundlayouten

 Fackbok Skönlitteratur Novell

Checka grundlayouten, dvs hur du byggt upp sidorna med marginaler och justeringar.

Blanda inte synkron- och asynkron sättning. Väljer du synkron (centrering) ska den finnas överallt.

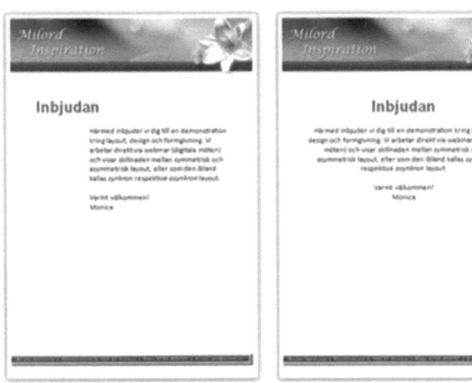

Vill du veta mer om layout, köp boken **_Handbok för textproduktion_**. Du hittar den här:

https://www.bod.se/bokshop/handbok-foer-textproduktion-layout-design-och-formgivning-monica-iveskoeld-9789176998892

Sidhuvud/-fot, sidnumrering, fotnot

 Fackbok Skönlitteratur Novell

Kolla sidnumrering och huvud-/fottexter samt fot- och slutnötter.

En fotnot är oftast numrerad och skrivs sedan ut i slutet av sidan. Slutnoten sparas till sista sidan.

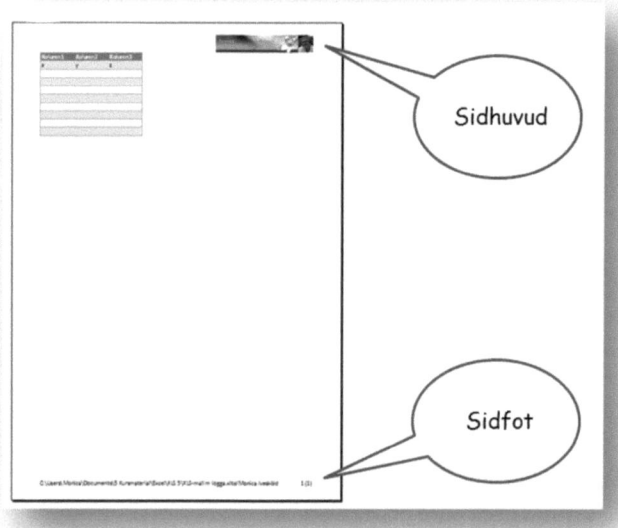

Sidhuvud

Sidfot

Gestaltning

 Skönlitteratur Novell

Du kan gestalta genom dialoger eller genom att skriva i bilder som visar vad som händer. "Show – do not tell". Det går även att gestalta i en inre monolog.
Bygg upp känslan med ord. Genom att gestalta får läsaren använda fantasin. Det lockar till mer läsning än att du skriver fakta, ger information eller berättar vad som händer. Använd verb i stället för adjektiv. Använd dina fem sinnen när du gestaltar.

Exempel - Nedanstående mening är inte gestaltad:

"Hon blev ledsen."

Jämför med nedan gestaltade variant:

"Hennes axlar sjönk ihop, hon tittade ner i golvet, och i ögonen steg tårarna."

Skriv ALDRIG ordet "kände" eller ordet "tänkte"! Ta bort alla "kände" och "tänkte" och gestalta i stället. Hur ser personen ut vid tillfället? Visa i bilder!

Exempelvis: Hon kände hur det ryckte i fingrarna.

Rensa och ändra till:

Det ryckte i fingrarna.

Gestalta adjektiv och adverb. Gör dig av med adverben. Hitta ett mer uttrycksfullt verb i stället. Exempelvis - I stället för att skriva "tala högt", kan du skriva att "de skriker".

Ett uttryck, myntat av *Johannes Vivers* är:

DUKTSMAK

Som står för dialog, uttryck i röst och ansikte, kroppsspråk, tankar, sinnesintryck, miljö, agerande och känslor.

Förtydliga och gestalta verben

Jämför nedanstående meningar:

Pelle kikade på Mia när hon åt lunch.

Jämför nu med nedanstående text och lägg märke till hur mycket mer målande (gestaltande) den är.

Mia åt numera lunch med fokus på den nya vännen i stället för på maten. Pelle kikade på henne för att slippa glo på den tomma stolen bredvid honom. Hon hade svikit honom.

Omvandla verben så att de blir mer utmålade i texten (= förbättrad gestaltning).

Dialogen

 Skönlitteratur Novell

Läs snabbt igenom och lägg till dialog där sådan saknas. Vad säger karaktärerna? Skapa intresse hos läsaren!

Kolla alla dialoger och ta bort ord som Ja/Nej och Hej i början av dialogen.

Använd dialogen som förstärkare för gestaltningen. I en film – till skillnad mot en bok – kan vi aldrig gå in i huvudkaraktärernas tankar. Detta åskådliggörs med dialoger. Ett utmärkt sätt även för dig som skriver böcker.

Checka att du använder antingen citationstecken ("...") eller tankstreck (– ...) konsekvent. Tänk på att tankstreck är längre än bindestreck.

Läs gärna dialogerna högt och fråga dig själv: "Skulle karaktären verkligen säga så?

Här ser du ett exempel på dialog med tankstreck:

– Låt oss sätta oss där borta på bänken, viskade
Henrietta och pekade.

När du skriver med tankstreck behöver du inte ha indrag. Men dialogen ska vara på en ny rad och när den är slut ska du ha nytt stycke.

Tankstrecket är längre än ett vanligt bindestreck. Jämför nedan:

- Bindestreck

– Tankstreck

Perspektiv

 Skönlitteratur Novell

Kontrollera att du använder samma perspektiv i scenen. Det finns olika berättarperspektiv:

- Jag

- Tredjeperson (HON eller HAN)

- Allvetande berättare (kan bli tråkigt) typ Flugan på väggen

Byt aldrig perspektiv i samma scen. Ett bra tips är att tänka att en perspektivperson inte vet vad en annan tänker.

 Fackbok

Om du skriver fackbok är mitt tips till dig att skriva i DU-form. Det gör boken mycket mer intressant. Jämför med hur jag ger dig tipsen här. Att skriva "man" blir ointressant. Även VI-form kan göra att läsaren tappar intresset.

34

Tempus

 Skönlitteratur Novell

Checka tempus för nu- respektive då-tid. Byt INTE tempus (presens och preteritum) i samma scen.

- **Presens** (enkelt tempus, t ex *gör*) för att uttrycka nutid. Något som händer just nu

- **Preteritum** (enkelt tempus, hette tidigare **imperfekt**, t ex *gjorde*) för att uttrycka dåtid

- **Perfekt** (sammansatt tempus, t ex *har gjort*), främst för att uttrycka händelser som har skett inom en överskådlig tidsradie

- **Pluskvamperfekt** (sammansatt tempus, t ex *hade gjort*), främst för att uttrycka händelser med utgångspunkt från ett tillfälle i det förflutna

- **Futurum** (sammansatt tempus, t ex *ska göra/ kommer att göra*), för att beskriva sådant som ännu inte inträffat

Händelser knutna till vissa sidor

 Skönlitteratur

Nedan ungefärliga sidor (tänk procetuellt) är viktiga om du skriver filmmanus. För dig som skriver skönlitterärt kan de förstärka din dramaturgi.

Inledning / Incident/Intrig	Sidorna 1-10
Moment som får din bok att existera	Sidan 15-20
Konsekvenserna av ovan moment	Sidan 30
Falsk ledtråd	Sidan 45
Klon för själva boken. Hjälten tar ansvar för ödet	Sidan 60
Andra falska ledtråden	Sidan 75
Nu går ALLT fel – låt karaktären förlora allt hen håller kärt	Sidan 90
Akt 3 – slutet	Sidan 109

Vill du lära mer om detta, checka onlinekursen (eller boken) **Börja skriva framgångsRIKT**.

Stavningskontroll

 Fackbok Skönlitteratur Novell

Kör ordbehandlingsprogrammets stavningskontroll. Korrekturläs manuellt. Ett tips är att läsa högt eller ändra teckensnittet för att se texten med "nya" ögon.

Gå igenom all text, komplettera. Är du osäker på något ord, slå upp i SAOL – Svenska Akademiens OrdLista. Den hittar du på nätet.

https://svenska.se/

SAOL är idag tre olika ordböcker. Det kan exempelvis se ut så här:

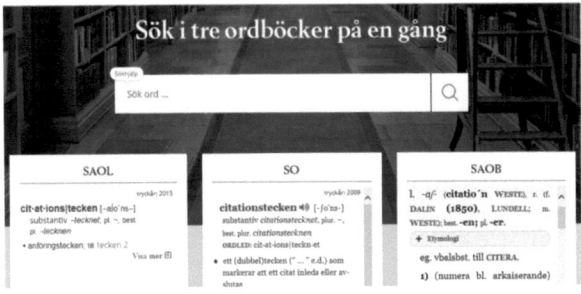

Rensa bort oväsentliga ord som inte tillför läsaren något.

Grammatik

 Fackbok Skönlitteratur Novell

Checka grammatiken.

För fackböcker:

Är styckena korta?

För skönlitteratur:

Hur långa scener och kapitel har du valt att skriva?

Förkortningar och siffror samt datum

Förkortningar skrivs ut såväl som siffror och datum.

- Lördagen den 14 september 2014, eller
- Lördagen 2014-09-14

I sistnämnda exemplet utesluts alltid ordet "den".

Behöver du ange en tidsrymd, skriv (med tankstreck eller dubbla (--) bindestreck:

- 14–15 september 2014
- 14 september–22 oktober 2014

- 14 september 2013–7 januari 2014

- 14–15/9 2014

- 14/9–15/9 2014

- 14/9 2013–7/1 2014

Förkortningar består antingen av *avbrytningar* eller av *sammandragningar*. Det går bra att skriva alla förkortningar utan punkt . Enligt Svenska Språknämnden bör du använda punkt vid avbrytningar men de internationella beteckningarna för mått skrivs utan punkt, exempelvis:

- Kg (kilogram)
- Cm (centimeter)

Avbrytningar

Vid *avbrytning* behålls alltid den första bokstaven och sedan så många bokstäver som tydligheten fordrar, exempelvis:

- avd. / avd
- adr. / adr
- dvs. / dvs

- s.k. / s k
- t.o.m. / t o m

Genitivform till en avbrytning skrivs med kolon framför genitivändelse:

- ordf:s

Sammandragningar

Vid *sammandragning* behålls minst första och sista bokstaven, exempelvis:

- ca
- gm
- ggr
- Gbg

Vid sammandragning skrivs genitiv utan skiljetecken såsom punkter eller kolon:

- Gbgs

Genitiv-s utan apostrof

Använd aldrig apostrof vid genitiv-s i svenskan, exempelvis skriver du inte *Lasse's lägenhet.* Det heter *Lasses lägenhet.*

Särskrivningar

Använd inte särskrivningar, exempelvis *kassa personalen*. Det heter *kassapersonalen* såvida du inte talar om *den kassa (usla) personalen*. Ibland finns det skillnad, exempelvis är det stor skillnad på *en grå sparv* och *en gråsparv*.

Tautologi

Undvik tautologi som betyder upprepning eller onödig dubbelsägning. Här är några exempel att undvika:

- Gratis gåva
- Dold hemlighet
- Helt unikt

Horungar och änkor

Fackbok   Skönlitteratur   Novell

Eliminera horungar och änkor.

Horunge är en ensam rad överst på sidan.

Änka är en ensam rad nederst på sidan.

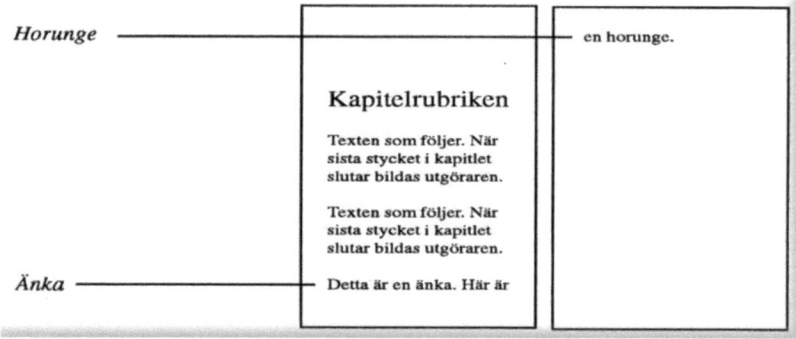

Horunge ———————————————— en horunge.

Kapitelrubriken

Texten som följer. När
sista stycket i kapitlet
slutar bildas utgöraren.

Texten som följer. När
sista stycket i kapitlet
slutar bildas utgöraren.

Änka ———————————— Detta är en änka. Här är

Avstavning, syftningsfel och specialtecken

 Fackbok  Skönlitteratur  Novell

Avstavningen

Avstavningen sker med *mjuka bindestreck*, dvs bindestreck som försvinner vid redigering. I Word – CTRL ENTER.

Det finns två huvudprinciper för avstavning i svenska språket:

- *Ordledsprincipen* bygger på att du tar hänsyn till ordets uppbyggnad, exempelvis pojk-ar.
- *Enkonsonantsprincipen* innebär att den sista stavelsen tillförs en konsonant: poj-kar.

Syftningsfel

Genomgång av syftningsfel.

Ett syftningsfel är ett språkligt fel och innebär att en mening kan uppfattas på flera sätt, och därmed misstolkas.

Syftningsfel hittas enklast om du lämnar över texten till en testläsare eller om du spelar in ljud när du läser texten.

Specialtecken

Specialtecken (eller ordtecken som de också kallas) är procent (%), paragraf (§) och olika valutor (€, $, £).

Dessa skrivs alltid tillsammans med siffror (aldrig bokstäver) och med ett fast blanksteg före, dvs

- 100 %
- 54 €
- § 12

Två undantag från den regeln är snabel-a (@) som skrivs utan blanksteg i e-postadresser och det lilla gradtecknet (°) som skrivs ihop med siffran, dvs

- monica@resultat-direkt.se
- 25°

Fast blanksteg är ett kodat mellanslag – i Word CTRL SKIFT ENTER.

Läsbarhetsindex (LIX)

 Fackbok Skönlitteratur Novell

Kontrollera att texten har hög läsbarhet. Själv eftersträvar jag ett läsbarhetsindex under 40. Är det en barnbok bör LIX vara under 30. Du kan se i skalan vilket som passar din text bäst. En fackbok kan i udda fall sträva efter högre LIX om den innehåller juridik eller byråkratiska termer.

Tolkning	
< 30	Mycket lättläst, barnböcker
30 - 40	Lättläst, skönlitteratur, populärtidningar
40 - 50	Medelsvår, normal tidningstext
50 - 60	Svår, normalt värde för officiella texter
> 60	Mycket svår, byråkratsvenska

Använd följande länk för att hitta LIX-programmet:

https://www.lix.se/

Du kopierar in din text i rutan och klickar på knappen Analysera.

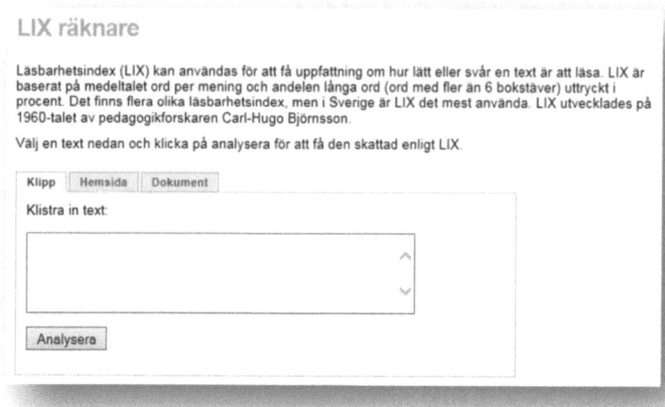

LIX räknare

Lasbarhetsindex (LIX) kan användas för att få uppfattning om hur lätt eller svår en text är att läsa. LIX är baserat på medeltalet ord per mening och andelen långa ord (ord med fler än 6 bokstäver) uttryckt i procent. Det finns flera olika läsbarhetsindex, men i Sverige är LIX det mest använda. LIX utvecklades på 1960-talet av pedagogikforskaren Carl-Hugo Björnsson.

Välj en text nedan och klicka på analysera för att få den skattad enligt LIX.

| Klipp | Hemsida | Dokument |

Klistra in text:

Analysera

Gå igenom och rätta till upprepningar. Vissa ord brukar finnas i mångfald exempelvis:

Frekvensordlista		
1	och	85
2	hon	56
3	att	52

Medan andra lämpligen kan bytas mot synonymer. Använd synonymordlista vid behov. I den här texten skulle jag kunna hitta synonymer till orden *journalist* och *giftet* som i den novell jag har analyserat, förekommer sex (6) gånger.

53	journalisten	6
54	precis	6
55	vill	6
56	giftet	6

Du får analys över ordvariationen. TTR och Ord-
variationsindex är ett mått för textlängden och varia-
tionen. Ordvariationsratio (OVR) bör du fokusera på.
Eftersträva alltid en OVR över 80 %.

Ordvariation	
Type/token ratio (TTR)	39,41 %
Ordvariationsindex[a] (OVIX)	69,21
Ordvariationsratio[b] (OVR)	88,07 %

Tvätta texten och förtydliga verben

 Fackbok  Skönlitteratur  Novell

Förtydliga verben

Checka verben i din text. Var sparsam med orden **VAR** (i imperfekt) och **ÄR** (i presens) samt ordet **HADE**. Gå igenom texten och skriv om!

Detta är en bra regel. Genom att gå igenom texten och eliminera VAR och ÄR blir texten bättre gestaltad.

Som jag tidigare nämnt kan du även gå igenom de kognitiva orden: **KÄNDE** och **TÄNKTE**.

Tvätta texten

Alla "kelgrisar" ska bort. Ord som *ju, typ,* osv ska raderas. Använd sök/ersätt.

Ta bort ord enligt nedan:
man, ju, ganska, lite, så och andra onödiga ord samt diverse förklaringar och förtydligande som inte behövs.

Gör en genomgång av adverb, indrag och ord som "och".

Adverb är bestämningar till verb och adjektiv. För faktaböcker bör det finnas många adverb, för skönlitteratur färre. Alla adverb bör illustreras målande i en skönlitterär bok.

Exempelvis: Hon hoppade *högt*. Högt är adverbet som bestämmer hur hon hoppade.

Utmaningen blir att illustrera detta med gestaltning UTAN att använda adverb. Gör omskrivningar! I stället för

Hon hoppade högt

kan du skriva

Hon tog språnget uppe från byrån och landade med ett brak på det nyskurade trägolvet

Redigera bort följande ord:

så, då, nu, ju, plötsligt, uppe, sedan, därefter, här, där, okey, kolla, ibland, nog, kanske, egentligen

Rensa orden: "*sin, sitt, min/mitt, din/ditt*" osv.

Skriv INTE:

Han åt sin lunch ... / Hon låste upp sin cykel ...

Utan ändra detta till bestämd form, dvs

Han åt lunchen ... / Hon låste upp cykeln ...

Småordslista - Förbättra eller förfina

På min webbsida hittar du en småordslista som du kan använda för att förbättra och förfina din text ytterligare.

http://www.monicaiveskold.se/redigera-framgangsrikt/

Lösenordet för småordslistan är:

Redigera2020

Adjektiv och Riktningen mot läsaren

Adjektiv

 Fackbok  Skönlitteratur  Novell

Adjektiv och T-ord går inte ihop. Ett välkänt exempel är när vi ska böja adjektivet *rädd* och sätta det framför ett t-ord (neutrum). Det går inte att säga *ett rädd lejon* eller *ett rädd barn* eller att skriva *ett räddt lodjur*.

Riktningen mot läsaren

 Fackbok

Gå igenom att du använder ordet DU och inte MAN eller VI i facklitteratur. Se ovan.

Bildanalys

 Fackbok

Du använder förmodligen inte bilder i en skönlitterär bok eller novell. Däremot finns de med i fackböcker.

Fundera över följande:

- Är bilderna rätt placerade i förhållande till rörelsen?

- Checka rörelsen och dynamiken i bilden

- Är det rätt typ av bilder?

- Hur ser upplösningen ut?

- Skala och förändra

- Kontrollera upphovsrätten till bilden

- Lägg till bildtexter för facklitteratur, vid behov

Vill du lära dig mer om bilder och dess placering, rekommenderar jag att du köper boken **Handbok för textproduktion**.

Akt 3 - Slutet samt redigera med högläsning

Akt 3 - Slutet

 Skönlitteratur Novell

Hur slutar din roman eller novell? Det är viktigt att du stoppar precis när du når höjdpunkten. Titta i slutet och notera att du inte ger dig in på några förklaringar. Låt läsaren landa precis när allt är på topp.

Tips - Läs högt och spela in

 Fackbok Skönlitteratur Novell

Antingen kan du själv eller någon annan person läsa texten högt eller spela in den. Då märker du om flytet stoppar upp och du kanske måste ändra just där.

Innehållsförteckning och sakregister

 Fackbok Novell

I fackböcker är det lämpligt med innehållsförteckning i början. Det underlättar för läsaren.

Innehållsförteckning är inte lika vanligt i skönlitterära böcker såvida de inte är antologier, dvs en samling noveller.

I fackböcker är det inte ovanligt att du i slutet av boken även hittar ett sakregister.

Djupanalysen

 Skönlitteratur

Utgå från Excel-filen som du kan få tillgång till via min webbsida, dvs

http://www.monicaiveskold.se/redigera-framgangsrikt/

Lösenordet för handlingsplanerna är:

Redigera2020

Djupanalysen

Som jag redan nämnt är denna fil en sammanställning över vad som rekommenderas utifrån modellerna Story Grid, Hjältens resa och Story Engineering. Som bas i Story Grid ligger boken/filmen om Hannibal.

Struktur

Hur stor är katastrofen i boken?

Hur många vändpunkter har du med? Lämpligt med minst två.

Stil

Vilken stil är boken i? Här ser du några:

- Drama

- Komedi

- Musikal och/eller Dans

- Animerad

Hur verklighetstrogen är din text?

Se bild nedan:

Interna och externa innehåll

Du har både externa och interna innehåll i din text.

Exempel på externa:

- Kriminalitet
- Skräck
- Thriller och aktion
- Kärlek

Varje scen ska ha ...

För varje scen i din text måste du ha skapat följande för att läsaren ska bli nyfiken och vilja veta mer:

- Förväntan
- Osäkerhet
- Nyfikenhet

Delarna i boken

Du har en början, en mitt och ett slut. Var och en kan – för att skapa en riktigt bra bok – innehålla:

1) Inledande incident

2) Komplikationer

3) Kriser

4) Klimax

5) Lösning

Hjältens resa

Utgår vi från Hjältens resa rekommenderas följande:

- Hjälten presenteras (i vardagsmiljön)

- En händelse som utmanar protagonisten

- Hjälten tvekar, erkänner eller förstår inte

- Erfaren person ger hjälp

- Hjälten antar utmaningen och övervinner hindret

- Hjälten utvecklar beteendet, motarbetas

- Utmaningen växer fram, hjälten förbereder sig

- Stor sammandrabbning med antagonist. Hjälten eller antagonisten vinner en delseger

- Ny sammandragning skapar insikt om vad som krävs för att nå målet

- Slutmålet pekas ut. Hjälten samlar kraft

- Vis av lärdom har hjälten vuxit som människa och är rustad för seger

- Lösningen på problemet (elixiren) är en värdefull erfarenhet för att vinna i slutstriden

Sidnummer vid analys

I mallen (Excel-filen) skriver du in sidnumret i ditt manus.

Räkna antalet ord i scenen

Analysera antalet ord i varje scen. Ta beslut om maximal längd för varje scen/kapitel.

Händelseförlopp och rubrik på scen/kapitel

Själv jobbar jag nästan alltid med namn på mina kapitel och jag gillar korta kapitel vilket innebär att ett kapitel oftast är en scen (dock inte alltid).

I mallen kan du skriva in namnet på scenen/kapitlet eller en kort resumé.

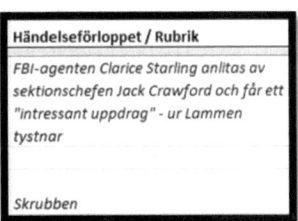

Händelseförloppet / Rubrik
FBI-agenten Clarice Starling anlitas av sektionschefen Jack Crawford och får ett "intressant uppdrag" - ur Lammen tystnar
Skrubben

Syftet med scenen

Tänk igenom vad som händer i scenen. Vad är syftet med scenen? Är det tydligt för läsaren? Om inte, förändra eller stryk! Se exemplen som jag har lagt i mallen.

Dramatisk kurva och konflikt

Tänk igenom – för scenen – vilken del av den dramatiska kurvan du avser.

Är konflikten tydlig? Varje scen MÅSTE ha en konflikt.

Värdeförändring/polaritet

Vilken värdeförändring sker i scenen? Är det bättre (+) eller sämre (-) än föregående scen? Vi kallar detta för polaritet.

Vändpunkt i scenen

Varje scen måste ha en vändpunkt, något som driver scenen framåt, gärna en katastrof. Vad händer i dina scener. Analysera!

Vem/vad handlar scenen om?

Analysera och skriv in. Tänk igenom perspektivet. Befinner du dig i samma person, hela tiden?

Period, tidpunkt, plats

Vilken period avser scenen? Tidpunkt på dygnet? Plats? Analysera och skriv in.

Huvudkaraktärer och antal

Vilka huvudkaraktärer handlar scenen om? Hur många?

Finns det karaktärer utanför scenen? I så fall, antalet?

Scenens budskap

Beskriv känslan som ligger till grund för scenen!

Undertext

Finns det någon undertext? Till exempel att det är fult att ljuga ...

Karaktärens sidor

Beskriv karaktärens sidor i scenen. Här kan du använda ett adjektiv vid analysen. Viktigt är att karaktären förändras under resans gång. Ställ även frågan: "Skulle karaktären verkligen göra så här?"

Förtydliga verben och gestalta adverben

Kan du finslipa verben? Har du förbättrat adjektiv/adverb genom gestaltningen? Här brukar jag sätta ett kryss när jag har gått igenom verb och adverb.

Alla fem sinnena

Notera om du kan förbättra scenen ytterligare genom att använda fler sinnen. Eller har du redan använt alla fem?

Cliffhangers

Avslutar du scenen med någon cliffhanger? En cliffhanger är en sekvens som lämnas oavslutad, något som får din läsare att vilja veta mer.

Ta bort possessiva pronomen

Ord som sin, din, min är possessiva pronomen. De vill vi inte ha i texten. Rensa bort dessa!

Passa även på att checka om du kan reducera han/hans, hon/hennes och liknande.

Perspektiv

Checka att scenen endast utgår från EN person och att du inte kan avgöra vad som händer i huvudet hos någon annan person.

Stryk eller skriv om scener som inte lever upp till ovan

Avsluta djupanalysen med att stryka scener som inte har ovanstående viktiga ingredienser. Alternativt kan du skriva om dem.

En av de viktigaste hemligheterna som en professionell författare bör veta är att scenen ska starta så sent som möjligt och avslutas när det är som mest spännande.

Varje scen ska förföra läsaren och skapa förväntan.

Kom ihåg målet med din berättelse och se till att du framförallt reflekterar detta i inledningsscenen.

Slutord

Skulle du vilja veta mer om layout, formgivning, uppställningar, mallar etc, rekommenderar jag att du köper boken **"Handbok i textproduktion"** som innehåller allt du behöver veta och lite till. Du hittar den här:

https://www.bod.se/bokshop/handbok-foer-textproduktion-layout-design-och-formgivning-monica-iveskoeld-9789176998892

Vill du ha fler tips? Följ mina blogginlägg på

www.monicaiveskold.se

Vill du lära dig mer om att skriva framgångsrikt? Jag erbjuder onlinekurs i ämnet samt även boken **"Skriv framgångsRIKT"**.

Lycka till med redigeringen!